BEATE MANNES

W0197719

Taschen
to go

Taschen to go!

Groß oder klein, bunt oder uni – Taschen kann frau einfach nicht genug haben. Damit es in Ihren Lieblingstaschen immer ordentlich aussieht und Sie alles schnell finden, haben wir für Sie viele praktische Täschchen, Hüllen, Etuis und noch einiges mehr entworfen. Lassen Sie sich von unseren Ideen inspirieren und schauen Sie sich gleich nach trendigen Stoffen um, die aus jedem Teil etwas ganz Besonderes machen. Viele Dinge eignen sich auch wunderbar als Geschenk für die beste Freundin und sind schnell und einfach genäht!

Wir wünschen Ihnen viel Spaß an der Nähmaschine!

Beate Mannes

Kosmetiktäschchen

Beautycase für alle Fälle

GRÖSSE
20 cm x 15 cm

MATERIAL

- Oberstoff 1: Baumwollstoff in
  Hellblau geblümt, 55 cm x 110 cm
- Oberstoff 2: Baumwollstoff in
  Hellblau, 7 cm x 50 cm
- Futterstoff: Baumwollstoff in
  Hellblau-weiß gemustert,
  55 cm x 110 cm
- Vlieseline H 200, 55 cm x 110 cm
- Webband in Hellblau mit
  Zackenmuster, 50 cm lang
- Zackenlitze in Hellgrün,
  50 cm lang
- Reißverschluss in Weiß,
  18 cm lang

SCHNITTMUSTER
Bogen 1B

1 Die Schnittteile zuschneiden und das Vlies auf die linken Seiten der Taschen-teile aus Oberstoff 1 aufbügeln.

2 Die Nahtzugabe der Blendenstreifen aus Oberstoff 2 auf beiden langen Sei-ten zur linken Seite umbügeln. Die Streifen wie im Schnitt eingezeichnet knapp-kantig aufsteppen. Die Zackenlitze und das Webband ebenfalls aufnähen.

3 Den Reißverschluss mit der Raupenseite nach unten auf die obere Kante einer Außenseite legen. Darüber das Futterteil mit der rechten Seite nach unten auflegen und alles zusammenstecken. Die oberen Kanten entlang der Reißver-schlussraupe mit einem Reißverschlussfüßchen zusammennähen. Die Teile aus-einanderklappen und die Gegenseite genauso annähen. Die Nähte entlang des Reißverschlusses bügeln.

4 Den Reißverschluss etwa bis zur Hälfte öffnen, die Außenseiten und die Futterseiten rechts auf rechts aufeinanderlegen. Die Reißverschlusszähnchen zeigen dabei zum Außenstoff. Beide Seiten und die unteren Kanten nahtbreit zusammennähen, dabei in der Futterseite eine ca. 8 cm große Wendeöffnung lassen.

5 Die offenen Ecken auseinanderziehen und auch nahtbreit zusammennähen. Die Tasche durch die Wendeöffnung wenden und die Öffnung von Hand mit Matratzenstichen (siehe „So wirds gemacht") schließen.

Taschenbaumler

frech und verspielt

GRÖSSE

ø 7 cm

MATERIAL

- Wollfilz in Türkis oder Olivgrün, 1–1,5 mm dick, 7 cm x 14 cm
- Rest Vichykarostoff, 6 cm x 6 cm
- Rest Vlisofix
- Webband in Türkis-pink mit Blüten, 6 cm lang
- Schlüsselring in beliebiger Größe
- Zackenschere

SCHNITTMUSTER

Bogen 1A

1 Die Filzteile mit der Zackenschere ohne Nahtzugabe zuschneiden. Den Vogel bzw. Fisch für die Applikation zuschneiden und mit Vliesofix mittig auf ein Filzteil bügeln.

2 Mit der Nähmaschine den Körper, für den Vogel auch die Beine, Flügel und Schnabel, aufnähen. Dabei jeweils ca. drei Nähte ungleichmäßig nebeneinander setzen für einen Shabby-Look.

3 Beide Filzteile links auf links aufeinander legen und das Stück Webband zur Schlaufe gefaltet oben 1 cm weit dazwischenschieben. Im Kreis dreimal rundum nähen, dabei wird das Webband mitgefasst.

4 Dann den Schlüsselring aufziehen und den Taschenbaumler an Tasche oder Rucksack befestigen.

Reise-Etui für Nähutensilien

Notfallset für unterwegs

GRÖSSE
16 cm x 12 cm

MATERIAL
- Oberstoff: Baumwollstoff in Hellblau geblümt, 24 cm x 18 cm
- Futterstoff 1: Baumwollstoff in Grün-weiß mit Zackenmuster, 24 x 15 cm
- Futterstoff 2: Filz in Grün, 2 mm dick, 11 x 6 cm
- Vlies H 200, 25 x 22 cm
- Kam Snaps-Druckknopf in Türkis
- evtl. Zackenschere

SCHNITTMUSTER
Bogen 1B

1 Alle Teile zuschneiden. Die Filzteile ohne Nahtzugabe zuschneiden (nach Belieben mit einer Zackenschere). Das Vlies zum Verstärken auf die linke Seite des Innenteils und des Fächerteils aufbügeln.

2 Die Nahtzugabe des Fächerteils an der oberen Kante zweimal 1 cm nach links bügeln und schmalkantig absteppen. Die Nahtzugabe der rechten Seite 1 cm nach links umbügeln.

3 Das Fächerteil links auf rechts auf die Innenseite des Täschchens legen, sodass die unteren Kanten bündig aufeinanderliegen, und die rechte Seite aufnähen. Wie im Schnitt eingezeichnet zwei Stepplinien als Unterteilung für die Fächer nähen.

4 Die Filzteile für die Nadeln und die Knöpfe wie eingezeichnet auf das Innenteil legen und aufnähen.

5 Die Riegelteile für den Verschluss rechts auf rechts legen und nahtbreit zusammennähen, dabei die schmale Kante offen lassen. Den Riegel wenden, die Nahtzugabe nach innen klappen und ca. 2–3 mm von der Kante entfernt absteppen. Den Riegel auf die angegebene Stelle des Außenstoffes legen und aufsteppen.

6 Die Außenseite nun rechts auf rechts auf die Innenseite legen und rundum nahtbreit zusammennähen. Dabei oben eine Wendeöffnung von ca. 5 cm lassen. Das Täschchen wenden, die Ecken gut ausformen und die Wendeöffnung unsichtbar von Hand schließen. Den Druckknopf gemäß Herstellerangaben in Riegel und Täschchen befestigen.

Notizblockhülle

mit Stiftefach und Visitenkartentasche

GRÖSSE
26 cm x 17 cm (aufgeklappt)

MATERIAL
- Oberstoff: Wollfilz in Türkis,
  2,5–3 mm dick, 30 cm x 17 cm
- Futterstoff 1: Baumwollstoff in Pink,
  34 cm x 19 cm
- Futterstoff 2: Baumwollstoff in Türkis mit
  grünen Farnblättern, 28 cm x 26 cm
- Zackenlitze in Gelb, 30 cm lang
- Webband in Blau geblümt, 30 cm lang
- Kam Snaps-Druckknopf in Türkis

SCHNITTMUSTER
Bogen 1A

1 Die Teile zuschneiden. Die Filzteile ohne Nahtzugabe zuschneiden und die Zierbänder wie im Schnitt eingezeichnet auf die Außenseite des Filzes steppen.

2 Das Einsteckfach für den Notizblock mittig falten. Die Nahtzugaben für das Visitenkartentäschchen rundum nahtbreit nach links bügeln. Die obere Kante noch ein zweites Mal 1 cm breit umbügeln und dann schmalkantig absteppen.

3 Das Täschchen wie im Schnitt eingezeichnet auf das Einsteckfach legen und schmalkantig an drei Seiten aufnähen.

4 Das Einsteckfach auf die Stoff-Innenseite legen und wie eingezeichnet mit zwei Stepplinien aufsteppen.

5 Die Nahtzugaben der Stoff-Innenseite zusammen mit dem Einsteckfach rundum nahtbreit umbügeln und auf den Filz stecken. Dabei den Riegel an der rechten Außenseite mittig 1 cm tief unter die Stoff-Innenseite schieben. Alles rundum schmalkantig aufsteppen.

6 Zum Schluss den Druckknopf gemäß der Herstellerangaben in Riegel und Filzhülle befestigen.

Stiftemäppchen

im Handumdrehen genäht

GRÖSSE
20 cm x 10 cm

MATERIAL
- Oberstoff 1: Baumwoll-
  stoff in Bunt mit Wellen,
  20 cm x 23 cm
- Oberstoff 2 und Futter:
  Baumwollstoff in Türkis,
  28 cm x 24 cm
- Vlies H 250,
  20 cm x 23 cm
- Reißverschluss in Türkis,
  20 cm lang
- Samtband in Altrosa,
  60 cm lang

SCHNITTMUSTER
Bogen 1A

1 Alle Teile zuschneiden. Die oberen und unteren Teile der Außenstoffe rechts auf rechts aufeinanderlegen und nahtbreit zusammennähen. Aufklappen und bügeln. Dann das Vlies zum Verstärken auf die linken Seiten aufbügeln.

2 Das Samtband auf die Naht legen und von rechts knappkantig aufsteppen. Eine kleine Schleife aus dem restlichen Samtband legen und auf die Vorderseite von Hand aufnähen.

3 Den Reißverschluss mit den Zähnchen nach unten auf die obere Kante einer Außenseite legen. Darüber die Futterseite rechts auf rechts auflegen. Die obere Kante entlang der Reißverschlussraupe mit einem Reißverschlussfüßchen zusammennähen.

4 Die Teile auseinanderklappen und die Gegenseite genauso annähen. Die Seiten aufklappen und entlang des Reißverschlusses bügeln. Den Reißverschluss bis zur Hälfte öffnen.

5 Jeweils die Außenseiten und die Futterseiten rechts auf rechts aufeinander klappen. Die Stoffkanten des Reißverschlusses zeigen dabei zur Futterseite. Die vier Seiten rundum nahtbreit zusammennähen, dabei an der Futterseite unten eine Wendeöffnung von ca. 7 cm lassen. Das Täschchen wenden, die Ecken ausformen und die Wendeöffnung unsichtbar von Hand schließen.

Schlüsselanhänger

mit praktischem Geldtäschchen

GRÖSSE
14 cm x 4 cm

MATERIAL
- Oberstoff 1: Baumwollstoff in Pink gepunktet, 30 cm x 6 cm
- Oberstoff 2: Baumwollstoff in Pink geblümt, 10 cm x 6 cm
- Vlies H 250, 30 cm x 6 cm
- Bandklemme, 3 cm breit
- Kam Snaps-Druckknopf in Türkis
- Schlüsselring in beliebiger Größe
- Stoffrest
- Zange

SCHNITTMUSTER
Bogen 1A

1 Alle Teile zuschneiden. Den Streifen aus Oberstoff 1 für das Schlüsselband von links mit dem Vlies verstärken.

2 Das Schnittteil aus Oberstoff 2 für das Geldtäschchen mittig quer falten und bügeln. Das Geldtäschchen auf eine Seite des Schlüsselbands legen, sodass die unteren Kanten aufeinander treffen. Das zweite Schlüsselbandteil rechts auf rechts darüber legen.

3 Drei Seiten nahtbreit zusammensteppen. Die obere Kante bleibt offen. Das Band durch die Öffnung wenden und bügeln. Die Seiten schmalkantig absteppen.

4 Den Druckknopf gemäß Herstellerangaben am Geldtäschchen anbringen. Die obere, offene Kante des Schlüsselbands 5 mm breit umklappen und die Bandklemme mit Hilfe einer Zange befestigen. Dabei zwischen Zange und Bandklemme ein Stück Stoff legen, damit die Bandklemme nicht verkratzt. Anschließend einen Schlüsselring einhängen.

Handytäschchen aus Wollfilz

weiche Schmeichelhülle fürs Smartphone

GRÖSSE
8 cm x 13 cm (bei Handy-
größe 6 cm x 11 cm)

MATERIAL
- Wollfilz in Blau, 2,5–3 mm
  dick, 22 cm x 13 cm
- Webband in Blau-pink
  gemustert, 10 cm lang
- Kam Snaps-Druckknopf in
  Pink

SCHNITTMUSTER
Bogen 1A

1 Die Teile ohne Nahtzugabe zuschneiden. Das Webband an beiden schmalen Kanten 1 cm nach links falten und wie im Schnitt eingezeichnet auf das Vorderteil aufsteppen.

2 Den Verschlussriegel in Form eines schmalen Rechtecks auf die Außenseite des Rückteils steppen.

3 Vorderteil und Rückteil aufeinanderlegen und schmalkantig zusammensteppen. Den Druckknopf gemäß Herstellerangaben auf Riegel und Vorderteil anbringen.

Mein Tipp für Sie

Größe anpassen: Für andere Handygrößen können Sie sich den Schnitt für die Hülle ganz einfach selbst erstellen. Dazu das Handy auf ein Blatt Papier legen und rundum 1,5 cm Nahtzugabe anzeichnen. Danach die zwei Ecken abrunden, z. B. mithilfe eines Untertellers. Dann die Vorlage ausschneiden, auf den Stoff legen und zuschneiden. Der Schnitt für den Riegel kann übernommen werden.

Geldbörse

Platz für Münzen, Scheine und Chipkarten

GRÖSSE
12 cm x 9,5 cm
(aufgeklappt:
12 cm x 19 cm)

MATERIAL
- Oberstoff 1:
  Baumwollstoff
  in Grün-türkis
  gepunktet,
  25 cm x 40 cm
- Oberstoff 2:
  Baumwollstoff in
  Türkis-smaragd
  mit Blättern,
  30 cm x 44 cm
- Oberstoff 3:
  Baumwollstoff
  in Türkis,
  15 cm x 50 cm
- Vlieseline H 200,
  30 cm x 12 cm
- Vliesline H 250,
  42 cm x 25 cm
- Webband in Grün
  mit Vogelmotiv,
  14 cm lang
- Klettband in
  Grün, 2,5 cm lang
- Kam Snaps-
  Druckknopf in
  Türkis

**SCHNITT-
MUSTER**
Bogen 1B

1 Die Teile zuschneiden. Die Vlieseline H 250 auf Außen- und Innenseite, Verschlussriegel, Verschlussklappe und Kleingeldfach aufbügeln. Die Vlieseline H 200 auf die Kartenfächer bügeln.

2 Die Kartenfächer längs mittig rechts auf rechts falten und die langen Kanten nahtbreit zusammennähen. Die Teile wenden und bügeln, sodass die Naht in der hinteren Mitte liegt. Ein Klettband-Teil wie im Schnitt eingezeichnet auf eine Seite der Verschlussklappe steppen.

3 Verschlussriegel und Verschlussklappe rechts auf rechts legen und nahtbreit entlang der Rundungen zusammennähen. Die obere Kante bleibt offen. Die Teile wenden, bügeln und schmalkantig absteppen. Die Nahtzugabe des Kleidgeldfachs zweimal 1 cm breit nach links bügeln und absteppen. Das hintere Kartenfach wie im Schnitt eingezeichnet schmalkantig auf die Innenseite aufsteppen. Das vordere Kartenfach aufsteppen.

4 Die beiden Falten an den Außenseiten des Kleingeldfachs einbügeln. Die Falten, die nach innen zeigen, schmalkantig absteppen. Das Klettband-Gegenstück wie eingezeichnet aufsteppen.

5 Das Kleingeldfach auf die Innenseite bündig zur unteren Kante auflegen. Den Verschlussriegel ebenso bündig an die untere Kante auflegen, sodass er nach innen zeigt. Mit großen Stichen auf der Nahtzugabe die Kartenfächer, das Kleingeldfach und den Riegel annähen.

6 Die Verschlussklappe über das Kleingeldfach legen, darüber das Webband platzieren und entlang der beiden Kanten festnähen.

7 Die Außenseite rechts auf rechts auf die Innenseite legen und an den schmalen und einer langen Seite nahtbreit zusammennähen. Die obere Kante bleibt offen. Die Geldbörse auf rechts wenden.

8 Die beiden Scheinefach-Teile rechts auf rechts legen und zusammennähen. Dabei an der unteren Seite eine Wendeöffnung von ca. 8 cm lassen und die obere Seite komplett offen lassen. Das Scheinefach über die Geldbörse stülpen, sodass die rechten Seiten innen aufeinander liegen. Entlang der oberen Kante nahtbreit rundum zusammensteppen.

9 Die Geldbörse wenden, bügeln und den Druckknopf gemäß Herstellerangaben am Verschlussriegel und der Außenseite befestigen. Die Wendeöffnung mit Matratzenstichen (siehe „So wirds gemacht") schließen.

Brillenetui aus Wollfilz

gut geschützte Lesehilfe

GRÖSSE
17 cm x 8 cm

MATERIAL
- Walkfilz in Pink,
  2,5–3 mm dick,
  21 cm x 30 cm
- Drehverschluss in Silber,
  3,5 cm groß
- Webband mit Eulen,
  4 cm lang
- dünner Filzrest
- Zange
- Textilkleber

SCHNITTMUSTER
Bogen 1B

1 Das Teil aus Walkfilz ohne Nahtzugabe zuschneiden. Die untere Kante wie im Schnitt eingezeichnet hochklappen.

2 Das Webband zur Schlaufe legen, an einer Seite mit der offenen Kante nach innen einschieben und beide Seiten schmalkantig zusammensteppen.

3 Die Stelle für den Drehverschluss markieren und ein kleines Rechteck ausschneiden. Den Verschluss anbringen, indem die Laschen mit einer Zange umgebogen werden. Auf die Innenseite des Drehverschlusses ein Stückchen Filz aufkleben, damit er die Brille nicht zerkratzt.

Organizer

Täschchen für jede Gelegenheit

GRÖSSE

20 cm x 15 cm

- Oberstoff 1:
  Baumwollstoff
  in Grün-weiß mit
  Zackenmuster,
  20 cm x 50 cm

- Oberstoff 2:
  Baumwollstoff
  in Grün-pink
  mit Blumen,
  42 cm x 25 cm

- Oberstoff 3
  und Futter:
  Baumwollstoff
  in Grün,
  30 cm x 50 cm

- Volumenvlies
  H 630,
  20 cm x 50 cm

- Vlies H 180,
  30 cm x 40 cm

- Schrägband in
  Grün, vorgefalzt,
  22 cm lang

- Reißverschluss
  in Pink,
  22 cm lang

SCHNITT-MUSTER

Bogen 1A

1 Alle Teile zuschneiden. Das Volumenvlies H 630 auf die linken Seiten der Vorder- und Rückteile bügeln. Das Vlies H 180 auf die linken Seiten der Fächerteile bügeln.

2 Anschließend Fächerteil 1 mittig zusammenklappen und bügeln. Das Fächerteil auf das Rückteil des Organizers legen und mittig aufsteppen.

3 Den Reißverschluss mit der Raupe nach unten auf die rechte Seite des Fächerteils 2 legen und entlang der oberen Kante mithilfe eines Reißverschlussfüßchens aufnähen. Den Reißverschluss hochklappen und entlang der Stoffkante schmalkantig absteppen. Das Fächerteil wie im Schnitt eingezeichnet auf das Vorderteil legen und feststecken.

4 Das Schrägband auf die Reißverschlusskante legen und an beiden langen Kanten festnähen. Dann Vorder- und Rückteil rechts auf rechts aufeinanderlegen und die Seiten- und Bodennaht nahtbreit zusammennähen.

5 Die noch offenen Ecken aufeinanderlegen und zunähen. Danach den Organizer auf rechts wenden.

6 Die Futterteile genauso nähen, dabei an der unteren Kante eine Wendeöffnung von ca. 8 cm lassen.

7 Die Nahtzugabe des Tragegriff-Streifens an den langen Kanten 1 cm breit nach links bügeln. Den Streifen längs mittig falten, bügeln und an der offenen Kante schmalkantig zusammennähen. Den Griff zur Schlaufe legen und an der oberen Kante einer Naht des Organizers mit großen Stichen annähen.

8 Das Futter über die Außentasche ziehen, sodass die rechten Seiten innen aufeinanderliegen. An der oberen Kante rundum zusammennähen. Den Organizer durch die Wendeöffnung wenden und die Öffnung unsichtbar von Hand schließen. Die obere Kante schmalkantig absteppen.

Täschchen für Taschentücher

feines Geschenk für Schnupfennasen

GRÖSSE
13 cm x 8 cm

MATERIAL
• Oberstoff 1: Baumwollstoff in Türkis geblümt, 30 cm x 16 cm
• Oberstoff 2 : Baumwollstoff in Türkis, 14 cm x 16 cm
• Vlies H 180, 16 cm x 15 cm
• Kam Snaps-Druckknopf in Türkis
• Webband in Türkis-pink mit Blumen, 5 cm lang

SCHNITTMUSTER
Bogen 1A

1 Alle Teile zuschneiden und das Vlies zum Verstärken auf die linke Seite des Täschchenteils bügeln.

2 Das Fächerteil längs mittig links auf links falten, bügeln und auf die rechte Seite des Innenteils legen. Die offenen Kanten stoßen dabei unten an der Kante des Innenteils an.

3 Das Stück Webband falten und wie im Schnitt eingezeichnet mit der offenen Seite an die rechte Kante des Innenteils legen.

4 Das Außenteil rechts auf rechts darauf legen und die Lagen rundum nahtbreit zusammensteppen (die Webbandschlaufe wird mitgefasst). Dabei an einer Seite eine Wendeöffnung von ca. 4 cm lassen.

5 Das Teil wenden, bügeln und die Wendeöffnung von Hand mit ein paar unsichtbaren Stichen schließen. Zum Schluss den Druckknopf gemäß der Herstellerangaben anbringen.

Schlüsseletui

Adieu Schlüsselchaos

GRÖSSE
10 cm x 8 cm

MATERIAL
- Oberstoff 1: Baumwollstoff in Bunt mit Zackenmuster, 20 cm x 9 cm
- Oberstoff 2 und Futterstoff: Baumwollstoff in Pink, 20 cm x 18 cm
- Volumenvlies H 630, 20 cm x 10 cm
- Webband in Rosa mit Blüten, 20 cm lang
- Kam Snaps-Druckknopf in Hellblau
- Schlüsselring, ø 2,5 cm

SCHNITT-MUSTER
Bogen 1B

1 Alle Teile zuschneiden. Das kleine Stoffrechteck für die Lasche nur mit 5 mm Nahtzugabe zuschneiden.

2 Die Blendenstreifen rechts auf rechts auf die Außenteile legen und nahtbreit zusammennähen. Die Teile aufklappen, bügeln und schmalkantig entlang der Naht absteppen.

3 Das Volumenvlies auf die linken Seiten der Außenteile bügeln. Jeweils ein Außenteil und ein Innenteil rechts auf rechts legen und an den schmalen Kanten nahtbreit zusammennähen.

4 Die Teile aufklappen und so rechts auf rechts aufeinanderlegen, dass jeweils die Außen- und Innenseiten aufeinanderliegen. Rundum nahtbreit zusammennähen. Dabei oben, wie im Schnitt eingezeichnet, eine Öffnung lassen und an einer Futterseite zusätzlich eine Wendeöffnung von ca. 4 cm lassen.

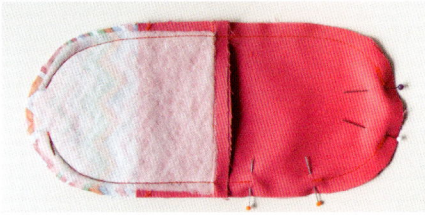

5 Das Etui wenden und die Wendeöffnung per Hand mit unsichtbaren Stichen schließen.

6 Die beiden oberen Öffnungen aufeinander treffen lassen und jeweils eine kurze Steppnaht entlang beider Seiten der Öffnung nähen. Einen Schlüsselring auf das Webband fädeln und dann das Webband mittig falten.

7 Den Stoffstreifen mittig quer rechts auf rechts falten und die unteren Nahtzugaben nach links bügeln. Beide Seiten 5 mm breit abnähen. Das Viereck wenden, das Webband in die Öffnung schieben und das Viereck rundum ca. 2–3 mm von der Kante entfernt absteppen.

8 Nun den Druckknopf gemäß Herstellerangaben an Viereck und Etui anbringen.

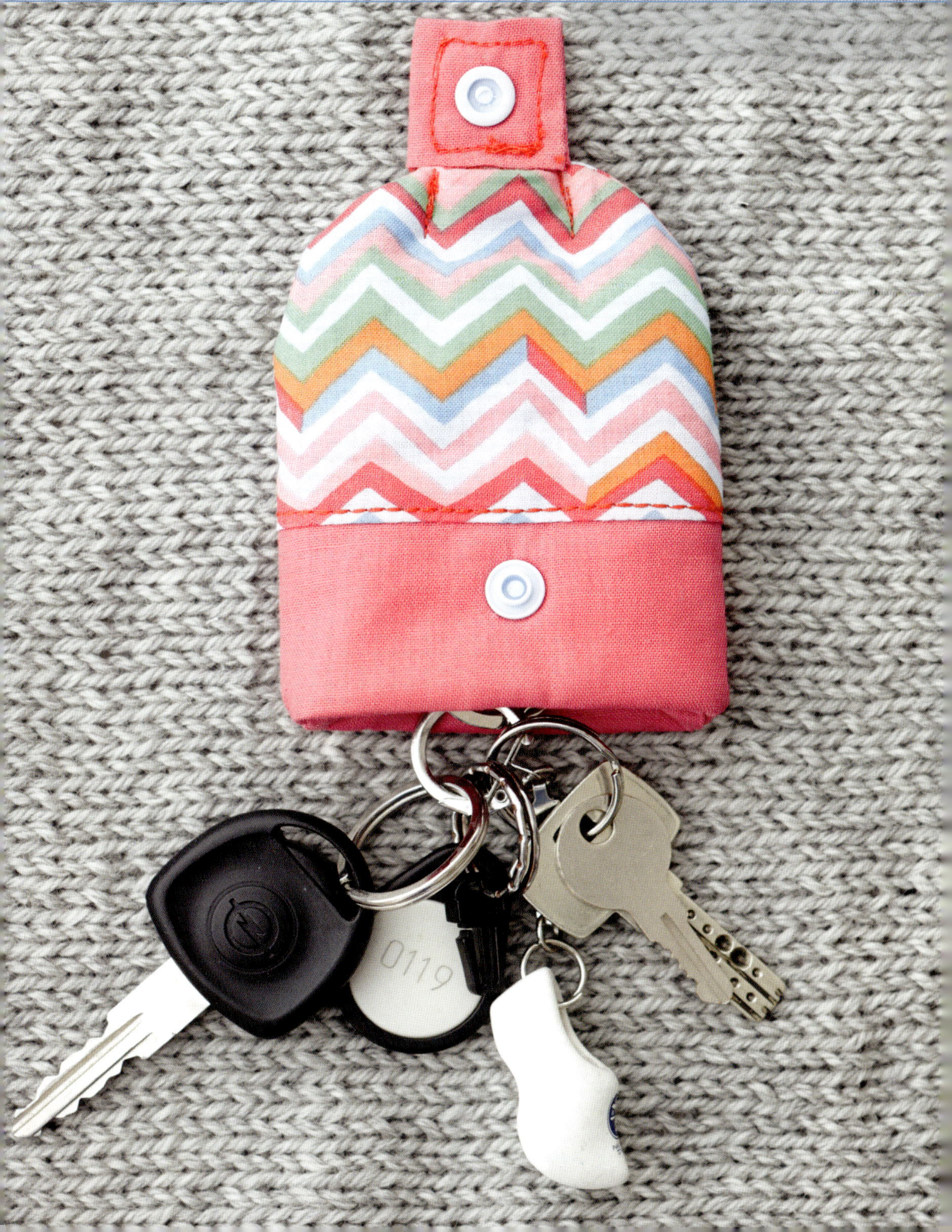
0119

Tablet-Hülle

schön verstaut

GRÖSSE
25 cm x 18 cm

MATERIAL
- Oberstoff 1: Baumwollstoff in Grün gestreift mit Blüten, 21 cm x 54 cm
- Oberstoff 2 und Futter: Baumwollstoff in Aqua, 21 cm x 72 cm
- Volumenvlies H 630, 21 cm x 72 cm
- Rest Filz
- Steckschloss in Silber, 2,6 cm groß
- Textilkleber

SCHNITTMUSTER
Bogen 1A

1 Die Teile zuschneiden. Das Volumenvlies zum Verstärken auf die linken Seiten der Vorderteile, Rückteile und der Klappe bügeln.

2 Die Klappenteile rechts auf rechts legen und an drei Seiten nahtbreit zusammennähen. Die obere Seite bleibt offen. Die Klappe wenden, bügeln und im Abstand von ca. 5 mm zweimal absteppen.

3 Die Taschenteile rechts auf rechts legen und an drei Seiten nahtbreit zusammennähen. Die obere Kante bleibt offen. Die Hülle wenden. Die Klappe mit der offenen Kante an die obere Kante des Rückteils legen, wie im Schnitt eingezeichnet, und mit großen Stichen annähen.

4 Die Futterteile rechts auf rechts legen und ebenfalls an drei Seiten nahtbreit zusammennähen. Dabei an der unteren Seite eine Wendeöffnung von ca. 6 cm lassen.

5 Die Futterhülle über die Außenhülle ziehen, sodass die rechten Seiten innen aufeinanderliegen und die oberen Kanten aufeinandertreffen. Entlang der oberen Kanten rundum nahtbreit zusammennähen.

6 Nun die Hülle durch die Öffnung wenden und die Wendeöffnung unsichtbar von Hand schließen. Die Hülle bügeln und das Steckschloss befestigen. Auf die Rückseite des Steckschlosses ein Stück Filz aufkleben, damit es das Tablet nicht zerkratzt.

14 Montag
Lundi Lunedì Monday

15 Dienstag
Mardi Martedì Tuesday

16 Mittwoch
Mercredi Mercoledì Wednesday

17 Donnerstag
Jeudi Giovedì Thursday

18 Freitag
Vendredi Venerdì Friday

19 Samstag
Samedi Sabato Saturday

20 Sonntag
Dimanche Domenica Sunday

Kameratäschchen

Farbtupfer für Schnappschüsse

GRÖSSE
7 cm hoch, 12 cm breit

MATERIAL
- Oberstoff 1: Baumwoll-
  stoff in Rosa gepunktet,
  25 cm x 22 cm
- Oberstoff 2: Baumwoll-
  stoff in Rosa mit Zick-
  zackmuster,
  25 cm x 5 cm
- Futterstoff: Baumwoll-
  stoff in Blau,
  25 cm x 22 cm
- Volumenvlies H 630,
  25 cm x 22 cm
- Webband in Rosa mit
  Blumenmuster,
  25 cm lang
- Reißverschluss in Pink
  18 cm lang

SCHNITTMUSTER
Bogen 1A

1 Alle Teile zuschneiden. Das Volumenvlies auf die linke Seite der Taschenteile aus
Außenstoff bügeln. Dann das Webband wie
im Schnitt eingezeichnet auf die Taschenteile aufnähen.

2 Die Nahtzugaben des Trageriemens
nach links umbügeln. Den Trageriemen dann
längs mittig zusammenfalten und bügeln.
An der offenen Kante entlang knappkantig
absteppen.

3 Den Reißverschluss mit den Zähnchen
nach unten auf die rechte Seite des Außen-
stoffs an die obere Kante legen. Darüber
den Futterstoff rechts auf rechts legen, alles
feststecken und mit einem Reißverschlussfüßchen entlang der Reißverschlussraupe
festnähen.

4 Dann die andere Seite annähen. Dabei
Außenstoff und Futterstoff aufklappen und
den Reißverschluss wieder zwischen beide
Seiten legen, feststecken und annähen. Das
Täschchen so wenden, dass die Futterseite
außen liegt.

5 Den Trageriemen zur Schlaufe legen.
Die Schlaufe nach innen in das Täschchen
schieben. Die Schlaufe mittig auf den Reißverschluss legen, sodass die offenen Kanten
aufeinandertreffen. Den Reißverschluss bis
zur Mitte öffnen. Beide Seiten zusammennähen und anschließend mit Zickzackstich
oder der Overlock versäubern.

6 Die vier offenen Ecken auseinander ziehen, sodass die Kanten aufeinandertreffen
und nahtbreit zusammennähen. Die Nähte
versäubern und das Täschchen wenden.

Filzmäppchen für Reiseunterlagen

Tickets, Pass & Kreditkarte sofort griffbereit

GRÖSSE
23 cm x 12,5 cm
(aufgeklappt 23 cm x 25 cm)

MATERIAL
- Wollfilz in Pink, 2,5–3 mm dick,
  23 cm x 25 cm
- Wollfilz in Türkis, 1–1,5 cm dick,
  23 cm x 18 cm
- Klettband in Pink, 3,5 cm lang
- Webband in Blau mit Eulen,
  25 cm lang

SCHNITTMUSTER
Bogen 1B

1 Die Teile aus Wollfilz ohne Nahtzugabe zuschneiden. Das Webband wie im Schnitt eingezeichnet auf die Außenseite steppen.

2 Die Klettband-Teile auf die Außenseite des Mäppchens und die Innenseite des Verschlussriegels aufnähen. Dann den Riegel auf der Außenseite in Form eine schmalen Rechtecks aufnähen.

3 Die Fächerteile innen an den Außenkanten schmalkantig aufsteppen. Für die Fächerunterteilung eine Naht entlang der im Schnitt eingezeichneten Linie nähen.

Schlüsselband

nie mehr lästiges Schlüsselsuchen

GRÖSSE
13 cm x 3 cm (Schlaufe)

MATERIAL
- Wollfilz in Grün, 2,5–3 mm dick, 28 cm x 3 cm
- Webband in Bunt gemustert, 28 cm lang
- Bandklemme, 3 cm breit
- Schlüsselring in beliebiger Größe
- Stoffrest
- Zange

SCHNITTMUSTER
Bogen 1A

1 Den Filzstreifen ohne Nahtzugabe zuschneiden und das Webband mittig aufsteppen. Den Filzstreifen an beiden Seiten schmalkantig absteppen.

2 Das Band zur Schlaufe legen und die Bandklemme mithilfe einer Zange anbringen. Dabei zwischen Zange und Bandklemme ein Stück Stoff legen, damit die Bandklemme nicht verkratzt. Zum Schluss einen Schlüsselring einhängen – fertig!

Etui für Visitenkarten

übersichtlich und geordnet

GRÖSSE
10 cm x 9 cm (zugeklappt)

MATERIAL
- Oberstoff 1: Baumwollstoff in Türkis geblümt, 22 cm x 44 cm
- Oberstoff 2: Baumwollstoff in Grün-weiß mit Zackenmuster, 12 cm x 50 cm
- Oberstoff 3: Baumwollstoff in Grün, 16 cm x 5 cm
- Vlies H 200, 15 cm x 22 cm
- Kam Snaps-Druckknopf in Türkis

SCHNITTMUSTER
Bogen 1A

1 Die Teile zuschneiden und das Vlies zum Verstärken auf die linke Seite des Außenteils und des Verschlussriegels bügeln.

2 Die Visitenkartenfächer links auf links zusammenklappen, bügeln und an den langen Kanten zusammennähen. Die Kanten versäubern.

3 Das hinterste Fach zuerst nahtbreit wie im Schnitt eingezeichnet aufsteppen. Dann die beiden anderen Fächer aufsteppen.

4 Für den Verschlussriegel den Stoffstreifen rechts auf rechts falten und nahtbreit an drei Seiten zusammensteppen. Durch die noch offene Schmalseite wenden und bügeln.

5 Den Riegel mittig mit der offenen Kante an die rechte Kante des Täschchens stecken. Der Riegel zeigt dabei in das Fächerteil. Das Vorderteil rechts auf rechts auf das Fächerteil legen und alles rundum nahtbreit zusammensteppen, dabei oben eine Wendeöffnung von ca. 6 cm lassen.

6 Das Täschchen wenden, bügeln und die Wendeöffnung von Hand mit unsichtbaren Stichen schließen.

7 Zum Schluss den Druckknopf gemäß Herstellerangaben auf Riegel und Täschchen anbringen.

Hülle für E-Book-Reader

gut geschützt und hübsch verpackt

GRÖSSE
19,5 cm x 14 cm

MATERIAL
- Oberstoff 1: Baumwollstoff in Grün-türkis mit Punkten, 22 cm x 32 cm
- Oberstoff 2 und Futter: Baumwollstoff in Blaugrün, 28 cm x 32 cm
- Volumenvlies H 630, 20 cm x 30 cm
- Gummikordel in Grau, 15 cm lang
- Knopf in Türkis, ø 2,8 cm

SCHNITTMUSTER
Bogen 1B

1 Alle Teile zuschneiden. Die Spitze der Blende nahtbreit umbügeln. Die Blende auf das Vorderteil legen und schmalkantig aufsteppen.

2 Nun auf die linken Außenseiten der Teile zum Verstärken das Volumenvlies aufbügeln.

3 Die Gummikordel mittig falten und auf die Rückseite des Außenteils legen, sodass die Schlaufe nach innen zeigt. Mit ein paar großen Stichen sichern.

4 Die Futterteile rechts auf rechts auf die Außenteile legen und an der oberen schmalen Kante nahtbreit zusammennähen.

5 Die Teile aufklappen, sodass die rechten Seiten der Außenteile und der Futterseiten aufeinanderliegen. Rundum nahtbreit zusammennähen, dabei an der Futterseite eine ca. 8 cm große Wendeöffnung lassen.

6 Die Hülle wenden und die Wendeöffnung unsichtbar von Hand schließen. Den Knopf an der im Schnitt eingezeichneten Stelle aufnähen.

Kleines Portemonnaie

zum Ausgehen

GRÖSSE
10 cm x 11 cm

MATERIAL
- Oberstoff:
  Baumwoll-
  stoff in Pink
  geblümt,
  32 cm x 14 cm
- Futterstoff:
  Baumwoll-
  stoff in Pink,
  32 cm x 14 cm
- Vlies H 410,
  32 cm x 14 cm
- Taschenbügel
  mit vorge-
  stanzten
  Löchern in
  Silber,
  9 cm breit

**SCHNITT-
MUSTER**
Bogen 1B

1 Alle Teile zuschneiden. Auf die linken Außenseiten der Teile zum Verstärken das Vlies aufbügeln. Von rechts auf beide Außenteile knappkantig das Webband aufsteppen.

2 Nun die beiden Außen- und Futterteile jeweils rechts auf rechts aufeinanderlegen und die Seitennähte und Bodennähte zusammennähen. Die Ecken zunächst offen lassen! Beim Futtertäschchen in der Bodennaht eine ca. 4 cm große Wendeöffnung lassen.

3 Jetzt die noch offenen Ecken jeweils aufeinanderlegen und quer abnähen, damit das Täschchen mehr Tiefe bekommt (siehe Kosmetiktäschchen, S. 4).

4 Das Futtertäschchen auf rechts wenden und das Außentäschchen darüber ziehen, sodass die rechten Seiten innen aufeinanderliegen.

Die oberen, gerundeten Kanten aufeinanderlegen und die Seiten so weit, wie in der Abbildung zu sehen, zusammennähen.

5 Das Täschchen durch die Wendeöffnung auf rechts drehen. Die Wendeöffnung von Hand schließen.

6 Den Bügel an die abgerundeten Kanten legen und von Hand mit Nadel und doppeltem Faden festnähen.

Shopper zum Einfalten

geräumige Einkaufstasche

GRÖSSE
32 cm x 38 cm

MATERIAL
- Oberstoff 1: Baumwollstoff in Smaragdgrün geblümt, 30 cm x 68 cm
- Oberstoff 2: Baumwollstoff in Türkis geblümt, 18 cm x 60 cm
- Oberstoff 3: Baumwollstoff in Türkis, 25 cm x 68 cm
- Samtband in Orange, 68 cm lang
- Kordel in Hellblau, ø 3 mm, 52 cm lang
- Kordelstopper in Transparent
- Sicherheitsnadel

SCHNITTMUSTER
Bogen 1B

1 Alle Teile zuschneiden. Die oberen Blenden rechts auf rechts auf die obere Kante der Taschenschnittteile legen und nahtbreit zusammennnähen. Die Naht versäubern und bügeln. Dann das Samtband aufnähen.

2 Die Nahtzugaben der Tunnelzugstreifen an den schmalen Seiten nach links bügeln und zum Versäubern nahtbreit absteppen. Die Streifen längs links auf links falten und bügeln. Die Streifen jeweils mit den offenen Längskanten mittig an die lange, umgebügelte Kante des Dreiecks aus Oberstoff 2 legen und nahtbreit annähen. Den Streifen hochklappen und nochmals bügeln.

3 Die Dreiecke jeweils links auf rechts auf die untere Ecke der Taschenvorder- und Rückseite legen, feststecken und entlang der Dreieckskanten schmalkantig aufsteppen.

4 Die beiden Taschenteile anschließend rechts auf rechts aufeinanderlegen und nahtbreit an den drei Seiten zusammennähen. Die Nähte versäubern. Nun die oberen Taschenkanten zweimal je 2 cm breit nach links umbügeln und schmalkantig feststeppen.

5 Die Nahtzugaben der kurzen Seiten der Träger nahtbreit nach links umbügeln. Die Streifen längs rechts auf rechts falten und nahtbreit zusammmennähen. Die Streifen mithilfe einer Sicherheitsnadel wenden und bügeln. Die Träger wie im Schnitt eingezeichnet auf der linken Seite des Taschenrandes feststecken und mit einem Rechteck und einem Kreuz feststeppen.

6 Zum Schluss die Kordel mithilfe einer Sicherheitsnadel durch die Tunnelzüge ziehen, den Kordelstopper auffädeln und die Kordelenden verknoten.

Täschchen für Einkaufschip

praktischer Einkaufsbegleiter

GRÖSSE
5,5 cm x 5,5 cm

MATERIAL
- Baumwollstoff in Pink mit Blumen, 8 cm x 32 cm
- Vlieseline H 200, 8 cm x 32 cm
- Webband in Pink mit Blüten, 6 cm lang
- Schlüsselring in beliebiger Größe
- Kam Snaps-Druckknopf in Türkis

SCHNITTMUSTER
Bogen 1A

1 Das Schnittteil zuschneiden und von links mit der Vlieseline bebügeln. Den Streifen anschließend quer mittig links auf links falten.

2 Das Webband zur Schlaufe falten und an der im Schnitt eingezeichneten Stelle auflegen. Die Schlaufe zeigt dabei nach innen.

3 An der eingezeichneten Linie beide Streifen-Seiten nach oben klappen. Drei Seiten nahtbreit zusammennähen, dabei an der oberen Kante eine Wendeöffnung von ca. 3 cm lassen.

4 Das Täschchen wenden, die Öffnung unsichtbar von Hand mit Matratzenstichen (siehe „So wirds gemacht") schließen und den Druckknopf nach Herstellerangaben anbringen. Zum Schluss den Schlüsselring in das Webband einhängen.

Projektbeutel

zum Verstauen von Wolle & Co.

GRÖSSE
24 cm x 25 cm

MATERIAL
• Oberstoff 1: Baumwollstoff
  in Blau-grün mit Farnmuster,
  26 cm x 54 cm
• Oberstoff 2: Baumwollstoff
  in Olivgrün, 17 cm x 27 cm
• Futterstoff: Baumwollstoff
  in Türkis, 26 cm x 54 cm
• Vlies H 410, 26 cm x 82 cm
• Kordel in Pink, 55 cm lang
• Sicherheitsnadel

SCHNITTMUSTER
Bogen 1A

1 Alle Teile zuschneiden. Das Vlies zum Verstärken auf die linken Seiten des Vorder- und Rückteils und auf die Fächertasche bügeln.

2 Die obere Kante des Fächerteils zuerst 1 cm nach innen umbügeln und dann nochmals 1,5 cm breit umbügeln und schmalkantig absteppen. Das Fächerteil links auf rechts auf ein Taschenteil legen, sodass die unteren und seitlichen Kanten aufeinanderliegen. Wie im Schnitt eingezeichnet die Stepplinien für die einzelnen Fächer aufsteppen.

3 Das andere Taschenteil rechts auf rechts auflegen und nahtbreit zusammennähen. Die obere Kante offen lassen und an einer Seite, wie im Schnitt eingezeichnet, eine Öffnung für den Tunnelzug lassen.

4 Die Futterteile rechts auf rechts legen und ebenfalls an drei Seiten nahtbreit zusammennähen. Dabei an der unteren Kante eine Wendeöffnung von ca. 8 cm lassen.

5 Die Futtertasche bis zur oberen Kante über die Außentasche ziehen, sodass die rechten Seiten innen aufeinanderliegen. Die oberen Kanten rundum nahtbreit zusammennähen. Die Tasche durch die Wendeöffnung wenden und die Öffnung unsichtbar von Hand schließen.

6 Die obere Kante gemäß Schnittmarkierung umbügeln und 5 mm vom Rand entfernt rundum absteppen. Eine zweite Linie für den Tunnel 2 cm von der oberen Kante entfernt absteppen. Die Kordel mithilfe einer Sicherheitsnadel durch die kleine Öffnung einziehen und die Enden verknoten.

Beate Mannes hat schon früh sehr gerne genäht, gehäkelt und gestrickt und dann ihr Hobby durch ein Modedesign-Studium zum Beruf gemacht. Auf ihrem Blog stellt sie ihre selbstgemachten Sachen von Taschen bis hin zu Glasperlenschmuck vor:
beatesbunterblog.blogspot.de

DANKE

Wir danken den folgenden Firmen für die Unterstützung bei diesem Buch: Coats GmbH (Kenzingen) Prym Consumer Europe GmbH (Stolberg), Union Knopf GmbH (Bielefeld), www.wollfilz.eu, Freudenberg SE (Weinheim), Farbenmix GbR (Schortens).

TOPP – Unsere Servicegarantie

WIR SIND FÜR SIE DA! Bei Fragen zu unserem umfangreichen Programm oder Anregungen freuen wir uns über Ihren Anruf oder Ihre Post. Loben Sie uns, aber scheuen Sie sich auch nicht, Ihre Kritik mitzuteilen – sie hilft uns, ständig besser zu werden.

Bei Fragen zu einzelnen Materialien oder Techniken wenden Sie sich bitte an unseren Kreativservice, Frau Erika Noll.
mail@kreativ-service.info
Telefon 0 50 52 / 91 18 58

Das Produktmanagement erreichen Sie unter:
pm@frechverlag.de
oder:
frechverlag
Produktmanagement
Turbinenstraße 7
70499 Stuttgart
Telefon 07 11 / 8 30 86 68

LERNEN SIE UNS BESSER KENNEN! Fragen Sie Ihren Hobbyfach- oder Buchhändler nach unserem kostenlosen Magazin **Meine kreative Welt**. Darin entdecken Sie dreimal im Jahr die neuesten Kreativtrends und interessantesten Buchneuheiten.

Oder besuchen Sie uns im Internet! Unter **www.topp-kreativ.de** können Sie sich über unser umfangreiches Buchprogramm informieren, unsere Autoren kennenlernen sowie aktuelle Highlights und neue Kreativtechniken entdecken, kurz – die ganze Welt der Kreativität.

Kreativ immer up to date sind Sie mit unserem monatlichen **Newsletter** mit den aktuellsten News aus dem frechverlag, Gratis-Bastelanleitungen und attraktiven Gewinnspielen.

IMPRESSUM

FOTOS: frechverlag GmbH, 70499 Stuttgart; Beate Mannes (alle Arbeitsschrittfotos); lichtpunkt, Michael Ruder, Stuttgart (alle übrigen)
PRODUKTMANAGEMENT: Katrin Reißenberger
LEKTORAT: Anja Fuhrmann, Berlin
GESTALTUNG: Atelier Schwab, Haselund
DRUCK: GPS Group GmbH, Österreich

Materialangaben und Arbeitshinweise in diesem Buch wurden von der Autorin und den Mitarbeitern des Verlags sorgfältig geprüft. Eine Garantie wird jedoch nicht übernommen. Autorin und Verlag können für eventuell auftretende Fehler oder Schäden nicht haftbar gemacht werden. Das Werk und die darin gezeigten Modelle sind urheberrechtlich geschützt. Die Vervielfältigung und Verbreitung ist, außer für private, nicht kommerzielle Zwecke, untersagt und wird zivil- und strafrechtlich verfolgt. Dies gilt insbesondere für eine Verbreitung des Werkes durch Fotokopien, Film, Funk und Fernsehen, elektronische Medien und Internet sowie für eine gewerbliche Nutzung der gezeigten Modelle. Bei Verwendung im Unterricht und in Kursen ist auf dieses Buch hinzuweisen.

3. Auflage 2016

© 2015 **frechverlag** GmbH, Turbinenstraße 7, 70499 Stuttgart

ISBN 978-3-7724-6966-4 • Best.-Nr. 6966